Für Knödi und Susi,
die besten Katzenfreunde.

# *Das grüne Album*

Wiener Reise
durch die Steiermark

# Vorwort

Wenn zwei scheue Städter auf die Offenheit des Landes treffen, kommt es zu denkwürdigen Situationen. Es geht nicht allein darum, das Land besser kennenzulernen, sondern auch sich selbst. Was tut man, wenn man sich nicht auskennt? Man schaut und erfährt. Und wartet, bis man etwas erahnen kann. Dann merkt man es sich und versucht, das Gemerkte zu malen oder zu singen oder zu zeichnen und schreiben. Was dabei herauskommt, ist echt und gespielt, ein Wirbel aus dem Kopf, der klingt. Eine Reise durch die Steiermark als Reise durch sich selbst und als Ankunft zu Hause. Der Süden ist ihnen immer schon nah, und hier beginnt er wohl. Dort hinterm Semmering ein bisschen, unter Graz noch mehr. Beim Bärenfleisch, auf der slowenischen Seite der Grenze, hört die Recherche auf und was dort beginnt, endet wohl im Meer.

Nach zahlreichen Erlebnissen zwischen Mariazell und Spielfeld sind fünfzehn Lieder entstanden. Inspiriert von Weinverkostungen, Kirchenbesuchen, Grenzlandeinkaufszentrumkaffeehäusern und Gesprächen mit Menschen vom Bürgermeister bis zum Betrunkenen. Bezaubert von der traditionellen steirischen Volksmusik und geerdet vom Wiener Rock 'n' Roll. Prost.

*Wien, 10.5.2016*

*Liebe N.,*

*wie geht es dir? Ich denke in letzter Zeit oft an die Südsteiermark. Erinnerst du dich an den Bürgermeister? Ich fand, er war so ein richtiger Bürgermeister. Oder den Winzer da oben. Mit den fabelhaften Weinen. Mittlerweile ist mein Vorrat verbraucht. Zu vielen schmeckt der Wein besonders gut. Ich weiß, dir auch. Damals an der Grenze, als der Franz uns in sein Haus eingeladen hat, war der Wein auch wunderbar. Und das Konzert des jungen Trios, mit ihrer modernen Interpretation der Volksmusik. Ach Gott, erinnerst du dich an die Weinidylle? Als man aufgewacht ist, und man sah nur all die Hügel des Weinlandes und rüber nach Slowenien. In der Wintersonne. Das war schön. Und das Brettljausenfrühstück vermisse ich auch eher. Katzen gabs dort auch, nicht wahr? Wie immer wollten sie immer zu dir. Aber dann mussten wir gehen, rauf zum Jamnik. Dem berühmten Harmonikabauer, aber er war gar nicht da. Dafür aber der Jonny, unser Harmonikaspieler. Was für ein Glück, ihn getroffen zu haben. Ich hoffe, bald von dir zu lesen und dich zu sehen.*

*PS: Eine Dose Bratlfett aus Gamlitz habe ich noch zu Hause herumstehen.*

*Küsse, Nino*

*Wien, 12.5.2016*

*Lieber N.,*

*wie schön, von dir zu lesen. Natürlich erinnere ich mich an jeden Windzug in dieser Reise, an jedes Rascheln der Blätter oder das Gluckern des Weines in den Kehlen der Vertrauten. Das Streifenland, das sich den Augen einprägte. Die Himmelsdüfte und Kapellen, die feiertägliche Menschenleere und wir, immer zusammen bereit zu Abenteuern. Die Neugierde wie ein Kompass uns führend. Die Sonnenuntergänge von Katzen durchsprungen, liebreizende Luft im Dunkelwerden des Tages und Marmeladen zum Frühstück in unglaublichem Geschmack. Oder als wir nach dem Besuch bei Franz noch über die Grenze fuhren, und weit und breit nichts außer Schnee und kalte Luft. Der Rückweg dunkel und kalt und dann doch wieder ein Singkreis, ein Abend, der einlädt und Neues zeigt und neue Klänge und Stimmen erklingen lässt. Das Streifenland, so schnell kann ich es nicht vergessen. Ich werde dir berichten, wann meine nächste Reise in diese Richtung geht.*

*PS: Ein Stück Speck hast du in meinem Kühlschrank vergessen und ich vermisse das Mohnöl, ich denke, du hast es.*

*Küsse, Natalie*

# Harmonika Rap

Die Ortsschilder wie im Daumenkino
so schnell vorbei
über Fluss und Land
das hab ich nicht gekannt

Wo ist der Weg, wo ist die Straße
hier ist eine Kirche größer als die ganze Stadt
hier ist ein Marktstand
die Häuser umkreisen den Hauptplatz

Wo ist die Seilbahn, wo ist der Berg
wo sind die Kerzen und Rosenkränze
wo ist der Lebkuchen und das Lebkucheneis
ah ja, es ist ja alles da

Jeder kann Harmonika spielen, nur wir nicht
aus dem See springt ein Frosch
fast auf den Grilltisch
jeder sagt hallo, keiner siezt sich
ich fall vom Berg, das ist peinlich
ziemlich

Juhu, ein Ausblick,
ich war noch nie auf einem Berg
juhu, juhu, ich hab keine Angst
und fall den Berg hinab
das hab ich nicht gekannt

Eine Käsekrainer und Kartoffelsalat
zwei teure Säfte
die Bäuche voller Magentropfen
die Menschen sind alle schon Gäste

Wo ist die Sonne, wo ist das Meer
hier ist ein Berg hoch oben und alles ist schwer
wo ist die Kraft, die man braucht
wenn man sie nicht hat

Jeder kann Harmonika spielen, nur wir nicht
aus dem See springt ein Frosch
fast auf den Grilltisch
jeder sagt hallo, keiner siezt sich
ich fall vom Berg, das ist peinlich
ziemlich

Wir wachen auf
und könnens fast nicht
draußen wehen die Windgesichter
die Glocken läuten unaufhörlich
die Magentropfen schmecken lieblich

Wer sind die Jubilare
und warum trinken sie um halb zwölf Schnaps
wir haben noch nichts getrunken
und sagten noch keinen Satz

Wir gehen herum, die Wespen fliegen nach
was sind das für Motorräder in der ganzen Stadt
ohne Kerzenlicht wär es wirklich kalt
zu wenig an

Jeder kann Harmonika spielen, nur wir nicht
aus dem See springt ein Frosch
fast auf den Grilltisch
jeder sagt hallo, keiner siezt sich
ich fall vom Berg, das ist peinlich
ziemlich

# Klapotetz

Kuckucksuhr, Klapotetz
wo ist der Regen jetzt
Repolusk, Kürbiskopf
er ist getropft

Sonnenhügel, Winterflügel
Hopfengärten, Windmühlen
halt dich fest am Apfelrest
die Kerne fliegen weg

Die Zeitung macht mich heute blind
ich fühl mich wie ein Rebenkind
weil ich so vertrunken bin

Kuckucksuhr, Klapotetz
wo steht die Sonne jetzt
Regenwind, Sonnenstrahl
es ist egal

Brettljaus, Bienenhaus
Zirbentraum, Birnenbaum
größere Walnüsse
wenn du nur wüsstest

Das Auto kenn ich aus dem Film
es weiß genau, wohin ich will
ich sitz nur da und bin ganz still

Katzenkind, Rebenwind
wo ist das Leben hin
Stadtgespräch, Dorfkantin
die Wildnis ist bedingt

Spiegelglatt, Schnee bergab
Regentropfen, nasser Tag
Kürbiskerne, Wintersterne
was ich alles ernte

Einen Schritt nach vorn in mein Bett
der zitternde Wald
die lautlose Welt

Kuckucksuhr, Klapotetz
die Reben sind gesetzt
alles aus Holz gebaut
wer hat das geglaubt

Kuckucksuhr, Klapotetz
wo sind die Reben jetzt
Speckgesicht, Brettljaus
sie führen nach Haus

*St. Andrä im Sausal, 6.1.2016*

*Lieber N.,*

*beim Einschalten des Lichts sieht man die Augen, die man draußen nur im Dunkeln gesehen hätte, leuchtend und selbst umarmt von Trophäen in schneller Umdrehung, dem Biber die Hand geben und dem Dachs und das Reh geküsst, während eine kleine Lampe, in deren Schein wir unsere Lieder übend, wer lauter singt, gewinnt, sehr schnell sind wir ein Fan der Teufelsgeige, erinnerst du dich, während den Gedanken an all die Mehlspeisen, von einer Dame für alle Gäste gebacken, weil immer und wir sind auch zum Verkosten eingeladen und das Essen ist, und wir lauschen dieses Mal nur, aber nächstes Mal selbst, in Aufregung und jetzt kennen wir den Weg schon, ich erinnere mich noch, jeder ist verwandt mit einem Straßenschild, Feuerwehruniformen und Bänken, auf denen man fast schlafen kann. Wir sind nur, nein sind wir nicht, wir sind schon im Auto und fahren nach Hause. Ich schlafe fast.*

*Natalie*

# A oage Gschicht

Es is so oag wia schee
die Reben unterm Schnee
sich in der Sonne drehn
und si mim Wind verstehn
des ganze Hügelland
von olle Seiten sehn
des is scho ollaweu a guades Lem

Heast, Aufbruch, moch ma si die Sunn
gemma aufn Berg
bleim am Bodn unt
jo die Sunn hoit gsund
damma so wias gheat
hom a munteres offenes Herz
des is scho ollaweu a guades Lem

Weu do wo mia san
is da Südn nur hinter die Baam
jo des wos ma sehn
is a gonze Spur onders ois oben in Wien
drum samma so beinaund
a guads neichs Joa, im Steirerlond
Prost! Lebe hoch! Und Schwung!
die Sunn hoit uns für immer gsund

Die Stodt is so vaduabn
mia hom fast schon gnua
mia san a bissl scheu
da Nebel geht ins Bluat
a Madl und a Bua
drehn sich im Kreis herum
und landn auf an Sprung
schon in der nächsten Stubn

Da Welsch is gar so frisch
a Musi spüt bei Tisch
des Reh do an der Wand
erzählt a oage Gschicht
die Leit san ollerhand
und bleiben stets charmant
mir gfrein uns auf wos kummt
dann in der nächstn Stubn

Weu do wo mia san
is da Südn nur hinter de Baam
durt bei da Grenz
is guad wann ma in Franz kennt
mei Liaba der is beinond
die Sunn hoit bei dem a Leben lang
Prost! Lebe hoch! Und Schwung!
die Sunn hoit uns für imma gsund

*Allerheiligen bei Wildon, 8.1.2016*

*Lieber N.,*

*Teufelsgeige, Lindenstock, monoton, stark. 20 Jahre Spuren im Schnee, seit Ostern 1996, die Streifen im Land, das Kino ist zu, die Brücke zugefroren, die Schritte versinken schon, aber ich nicht, du vielleicht. Die Serpentinen und die trüben Augen, am Platz Nebel, Leben im Nebelleben. Die dunkle Nacht um fünf Uhr Nachmittag holt dich ein. Und es gibt keinen Ausweg mehr, außer jemand ruft fünfmal an, so oft wie ich noch nie angerufen habe, eine oder zwei und tatsächlich durch diese Möglichkeiten finden wir den Weg noch und ankommen geht auch. Die Scheinwerfer im Nebel, das Leben im Segen des Reisepasses und des Autokennzeichens. Die Wirtin wartet auf uns mit Schnaps. Die Kulisse wirkt wie eine Attrappe. Jeder begrüßt uns, als würde Einsamkeit nicht existieren und als hätte es Fremdsein nie gegeben.*

*Natalie*

# Aufwachlied

Komm wach auf, der Tag ist frisch
die Sonne scheint so schön
alles kann man sehn, alles kann man sehn
auf dem Tisch wart ich auf dich
mit Kürbiskernencreme
und einem schönen Gedicht

Der, der schläft, verpasst die Welt
wir haben viel zu tun
können später ruhn
am Abend dann is Ruh
bis dahin passiert noch viel
die Arbeit ruft uns laut
wir haben keine Zeit für faul

Ja ich weiß, es ist schon spät
aber ich schlief gar so schön
ja ich weiß, die Arbeit ruft
aber ich bin müd

Steirerkinder sind nicht da
um den Tag zu verschlafen
keine solchen Sachen
lieber fröhlich lachen
wenn du nicht sofort aufstehst
dann schütt ich dir das Wasser
in dein warmes Bett hinein

Ja ich weiß, ich muss aufstehn
aber liegen ist so schön
ja ich weiß, wir haben viel zu tun
aber ich brauch ganz viel Ruh

Bist du alt und krank, nein nein
du bist ein junger Mann
Steirerblut ist stark, Steirerblut ist warm
wer den ganzen Tag nur in dem Bett liegt
und nichts macht, ist kein guter Mann

Ja so is das Leben do
wer ned aufwacht, hat keine Kraft
wir san olle ausgeschlafen, auf zu neuen Taten!

Ja aber ich bin so schwach
ich bin stark nur tief im Schlaf
du bist wach und freust dich sehr
das fällt mir halt schwer

Komm schon, sei nicht gar so faul, wir haben viel zu tun
die Scheibtruhn muss beladen werden
füttern wir das Huhn
gehen wir in die Bäckerei und kaufen Semmeln ein
und streicheln dann das Schwein

*Ehrenhausen, 2.2.2016*

*Liebe N.,*

*den Sommer haben wir diesmal verpasst. Wir waren jetzt im Winter unten. Sonne, Schnee. Ich habe es schön gefunden, wir haben Lieder darüber geschrieben. Darüber, wie schön und aufregend es war. Ich wünsche mir trotzdem sehr eine Sommerreise, eines Tages dann, dort unten in der südlichen Steiermark. Eine Reise, wo wir alle wiedersehen. Den Winzer Franz, den Winzer Rudi, den Singkreis, Manfred Perl usw. Und dann singen wir ihnen unsere Lieder vor. A cappella.*

*PS: Dass ich so gerne schlaf ist wahr*
*ich ess auch gerne Marzipan*
*früh morgens in den Wald gefahren*
*am Abend müd und durchn Wind*
*ich wär zu gern ein Steirerkind*
*doch Wien hat mir die Nacht verschlagen.*

*Nino*

# Konditorei

Der Geruch vom Rauch vermischt sich
mitm Zucker und dem Duft von Kaffee
da steht eine riesengroße Vitrine
mit Krapfen und Ribiselschnee

Beim Begrüßen kleben die Hände fest
was allen aber gut steht
auf dem Gwand sieht man Kuchenreste
die man noch abends trägt

Die Konditorei roch nach Zucker
nach Rum, Ruhm und Rauch
und jeder, der sie besuchte
roch so auch

Die Strudel sind fertig gebacken
der erste Bissen schon getan
die Krachmandeln knacken
Gesichter aus Marzipan

Und die Karamellen kleben
wie die Schokolade am Gaumen
in den Punschkrapferl wälzen
und über die Glasuren staunen

Die Konditorei roch nach Zucker
nach Rum, Ruhm und Rauch
und jeder, der sie besuchte
roch so auch

Zwischen den Zähnen sammeln sich die Kipferl
unter der Zunge die Schokoladenglasur
die Lippen picken zam mit Zucker
man schaut nicht auf die Uhr

Der blaue Rauch im süßen Licht
der Zucker, Mohn und der Zimt
die Rosinen und die Nüsse
das Konfekt, die Tortengüsse

Die Konditorei roch nach Zucker
nach Rum, Ruhm und Rauch
die Brösel schon fast in der Butter
der Apfelstrudel im Bauch

Die Konditorei roch nach Zucker
nach Rum, Ruhm und Rauch
und jeder, der sie besuchte
roch so auch

*Graz, 5.2.1992*

*Lieber N.,*

*und als er in die Straßenbahn einstieg und ein Duft oder Gestank ihn umgab, so süßlich, aber so stark, dass es nicht mehr sicher war, ob er roch oder stank und ob es Duft hätte sein können oder eher Geruch, es schien so, als wäre die ganze Haut, das ganze Blut, der Atemzug, jeder, der ganze Magen voll Zucker und Alkohol und Rauch in seiner Kleidung, als würde er nur Punschkrapfen essen und währenddessen rauchen, eine nach der anderen und dazwischen ein Stamperl oder zwei, und das Schlagobers und die Malakofftorten, und als wäre sein Sakko in Zuckerwasser gewaschen worden, oder seine Locken mit Zucker eingedreht, für die Erstkommunion nicht nur, nein, für das ganze Leben, und ich wollte nur wissen, wo dieser Ort ist, an dem er sich immer aufhält und dessen Geruch er anzunehmen scheint. Es war der süßeste, betrunkenste, triefendste Geruch, gleichzeitig kalt und rauchig und warm und weich wie ein Apfelstrudel mit Rum und Rosinen und Zucker und feinblättrigem Teig, wie er zergeht auf der Zunge, aber in einem Atemzug voller Rauch, weil der ganze Raum voll Rauch, aber dann kommt schon die Tante mit dem Kaffee und ich verstecke mich hinter der Couch, während ich geheime Bücher lese und niemand sieht mich und ich höre alles, und der Kaffee und die Torte und der Zucker und der Rauch, und die Musik im Radio und der Orangensaft in den Gläsern mit den Hirsch- und Jagdmotiven und im Radio Volksmusik.*

*Natalie*

# Mischung

is schon 1, 2, 3
a Mischung is immer dabei
is schon 4, 5, 6
die Mischung sauf i jetzt auf ex

is schon 5, 6, 7
a Mischung kann mi ned vertrüben
is schon 8, 9, 10
a Mischung vorm Schlafengehn

Mischung Mischung Mischung
bitte, i bitt schön bitt schön bitt schön
schenk ned zu wenig ein
Vier-Finger-Mischung muss schon sein

Mischung Mischung Mischung
bitte, i bitt schön bitt schön bitt schön
schenk ned zu wenig ein
Vier-Finger-Mischung muss schon sein
na fein, na fein

is schon wieder spät?
a Mischung, des waß i, die geht
oder is schon früh?
a Rausch is heite mei Zü

is schon ollas wurscht?
a Mischung i hob so an Durscht
so long nimma gsehn!
a Mischung auf unser Leben!

Mischung Mischung Mischung
bitte, i bitt schön bitt schön bitt schön
schenk ned zu wenig ein
Vier-Finger-Mischung muss schon sein

Mischung Mischung Mischung
geht scho, i bitt schön bitt schön bitt schön
schenk ned zu wenig ein
Vier-Finger-Mischung muss schon sein
na kloa, na fein, a guader Wein

Mischung Mischung Mischung
bitte, i bitt schön bitt schön bitt schön
schenk ned zu wenig ein
Vier-Finger-Mischung muss schon sein
na fein, na fein

*Leutschach, 2.3.2016*

*Liebe N.,*

*mein Kopf denkt an die Situation, im Winter am Tisch, mit dem Maggi. Und der Fantasie einer Grießnockerlsuppe. Und dann raus in die Kälte, ein Auto vorbeifahren hören, schlucken vor Schreck und das Maggi wieder schmecken. Dann ins eigene Auto, hinaus in die Hügel, bis man wieder an seinem Haus ankommt. Ein Achterl noch trinken, Welschriesling. Und während dem Trinken des einzigen Achterls schon einschlafen, zur Zib24. Vorher noch kurz das Foto vom Maggi auf Facebook posten und bis zum nächsten Morgen 122 Likes bekommen. Es sind die kleinen Dinge, es ist der Hahn in der Früh. Oder der Tau. Es ist ausgeschlafen sein das Beste, und weil ich gerade in Wien so lange wach war, sehne ich mich nach der Frische des Landes. Nach dem wenigen Rauchen und dem Rausch als erfrischendes Fenster.*

*Nino*

# Sekunden

Die Straßenbahn führt zum See
und die Seilbahn bringt mich weg und hin
die Seehöhe erreicht das Firmament
und der Zug fährt durch die Überwelt
die Stadt ist niemals eben
und der Wind lässt nie was liegen
ich zähl die Sekunden von 1650 bis 2007

Die Straße nass von Regen
und die Welt hört auf nach 15 Häusern
das Wasser fließt durch den Wald
und leuchtet hin und wieder einsam
in der Straße zum Brunnen
hört man die Katzen schreien
ich zähl die Sekunden von 1430 bis 2009

Zwischen Lebzeltereien
zwischen oben und unten
niemals vorbei
ich zähl die Stunden

Zwischen Lebzeltereien
zwischen oben und unten
niemals vorbei
ich zähl die Stunden

Der Platz gibt mir die Hand
und drückt sie wieder fort mit Druck
ich laufe der Kapelle nach
und sie läuft weg zum nächsten Ort
die Lebkuchenherzen baumeln
an Füßen und am Hals
ich zähl die Meter von hier bis zur Alm

Die Dunkelheit kommt am Abend
und die Treppen führen in den Wald
ich zähle die Seifen und Salben
und trink Elixiere und Tränke bald
wo ist es dunkel
nur noch die Katze traut sich raus
ich zähl die Meter von Gasthaus zu Gasthaus

Zwischen Lebzeltereien
zwischen oben und unten
niemals vorbei
ich zähl die Stunden

Zwischen Lebzeltereien
zwischen oben und unten
niemals vorbei
ich zähl die Stunden

Die Füße und Hände sind verletzt
und ich bin dem nächsten Geist gefolgt
die Schritte waren viel zu schnell
die Sonne leuchtet gelb und gold
statt endlosen Metern
geh ich nur noch drei
ich zähl die Sekunden von 1640 bis 2002

Die Richtung ist nicht sichtbar
der Weg geht steil hinauf und runter
die Wolken brechen lichtnah
der Regen kommt, ich stell mich unter
die Tropfen sind salzig
sie kommen aus meinen Augen
ich zähl die Stunden, in denen ich nicht mehr glaube

Zwischen Lebzeltereien
zähl ich die Sekunden
alles vorbei
sie werden zu Stunden

Zwischen Seilbahn und Alm
zwischen oben und unten
seit 1650
zähl ich die Sekunden

*Gamlitz, 5.3.2016*

*Lieber N.,*

*mit langen Hälsen und klopfenden Herzen schauten wir der Festgesellschaft zu, während die herrschenden Witze unsere Herzschläge verlangsamten und unsere Schlucke schneller werden ließen, unsere hüpfenden Augen und du hast Recht, gedankliche Grießnockerl und eine echte Kuttelsuppe, noch ein Kaffee und statt dem Harmonikaspieler hörte man nur das Gluckern des Maggis und die funkelnden Kerzen und die schmelzende Schokoladenglasur der Geburtstagstorte, deren Rauschen alles übertönte, als der Musiker tanzte und unsere Augen das Tischtuch suchten und den Boden und die gewebten Wandbilder sowie die Uhr. Und die Fransen am Rand der Tischtücher flochten unsere Hände ohne Zutun, wie die Flechtfrisuren der Gäste.*

*Natalie*

*Spielfeld, 9.3.2016*

*Liebe N.,*

*ich sitze in einem Wirtshaus in Spielfeld und denke über den Ortsnamen, seine Bedeutung, nach. Mir fällt dazu nichts ein. Nur die Grenze fällt mir ein, immer nur die Grenze. Ich weiß, ich könnte jetzt zehn Minuten spazieren gehen und wäre in Slowenien, gleich. Das reizt mich, aber es schüttet. Diesmal habe ich eine Leberknödelsuppe bestellt. Drüben in Slowenien hätt ich die Möglichkeit, einen Bärenbraten zu essen, aber da würd ich mir zu touristisch vorkommen. Oh, die Kellnerin schreit einen der Gäste an. Es geht wohl um Geld. Ich hoffe, ich hab genug einstecken für meine Rechnung. Ich habe mir vorher eine Trompete gekauft, in Spielfeld.*

*Nino*

# Das Hotel über der Taverne

Das Hotel im falschen Ort gebucht
und Stunden ein neues Hotel gesucht
Das Haus, in das man einziehen will
hat Gäste schon zu viel

Das Hotel über der Taverne
und neben dem Nachtclub, gegenüber der Kirche
zum Frühstück ess ich Sterne und Presnitzreste
rein in den Bus, schnell das nächste

Die Hochzeit hupt und winkt mir zu
der Maibaum liegt in Stücken
der Blick zum Fluss entzückt mich nur
der Strom will mich erdrücken

Was seh ich, wenn ich über die Brücke geh
und was, wenn ich vorher schon umdreh

Das Hotel am Bahnhof empfängt keinen mehr
umringt von blinkenden Lichtern das Schild
Taschentücher und Kleiderberge
abblätternde Einstigkeit

Der Hauptplatz ist so groß wie die ganze Stadt
wo führt der Brunnen hin
ins Rathaus, in die Konditorei, nach Wien

*Spielfeld, 27.1.2016*

*Liebe N.,*

*die ganze Zeit denke ich an die ganze Zeit, die ich verbringe hier. Und die Zeit ist langsam und ich frier. Draußen regnets stark, beinah schneit es. Ich glaub, ich bleib herinnen, rauch und schreibe. Spät am Abend wird es ein Gschnas geben, hab ich gehört. Vielleicht trau ich mich dort hin, auch wenns mich wahrscheinlich verstört. Mein Gott, ich bin so müde. Ich glaub, ich bestell mir eine Kürbiscremesuppe. Und einen Vogelbeerschnaps. Im Fernsehen spielt es Barbara Karlich, ein Mann erzählt von seiner Frau, die 30 Jahre älter ist als er. Ich liebe es, wenn in Lokalen der Fernseher laut aufgedreht ist. Ich liebe es nicht, wenn es so regnet, dass es beinah schneit. Aber bald beginnt eh die Frühlingszeit.*

*Nino*

*Mariazell, 30.1.2016*

*Lieber N.,*

*Polentasterz ist wieder sehr beliebt, mit Grammeln und Erdäpfelsuppe und Schwammerlsuppe. Das richtete er mir von den hundertsiebzehn Einwohnern aus. Ich solle doch einmal vorbeikommen, in allen möglichen Farben wird er schon angepriesen, aufrüttelnd wie das Abendrot oder seidenschwarz wie der Abend selbst, gegen die leuchtenden Katzenaugen.*

*PS: Im Vergleich zu Wien ist es überall ruhig. Und er sagte, egal wohin ich reise, im Vergleich zu Wien ist es überall leise. Die laute Klapotetz, die die Vögel verschreckt, egal wie laut das Radio ist, die Zither spielt, der Wind durch die Trauben flieht. Mit zitternder Stimme sitzt er zwischen den vielen und schaut in den Himmel. Egal wohin ich schau, im Vergleich zu der Straße ist überall Stau.*

*Natalie*

# Bad Radkersburg

Gornja Radgona
Gornja Radgona
Gornja Radgona

Regede
Regede
Regede

Bad Radkersburg

*Leutschach, 3.3.2016*

*Lieber N.,*

*Der süße Wein im Morgenwind*
*singt zu den Vögeln ein Lied*
*sein Herz in Rieslingweisen*
*die Speisen in den Zeiten*

*Sei bereit mein einzelner Ast*
*warte auf den gestrigen Gast*
*der Satz spaltet dein Weglein*
*die Berge sind da, um zu segnen*

*Fall den letzten Stein hinab*
*lauf den ersten Berg hinauf*
*spring den süßen Satz herab*
*sing das liebste Wort*

*An Orten der Biegung,*
*der Ziege, der Lunge*
*des Bratens, des Wanderns,*
*der Reben, des Lebens*

*Süßkätzchen, Süßspätzchen*
*Erdweglein, Welschreblein*

*PS: Fahren wir morgen nach Graz?*

*Natalie*

*Graz, 4.3.2016*

*Liebe N.,*

*Graz ist so eine kleine, bunte Stadt, dass ich jedes Mal grinsen muss wenn ich hier ankomme. Seit ich fünfzehn bin, besuche ich die Stadt regelmäßig. Einmal musste ich sogar auf die Wachstube, das ist eine lustige Geschichte. Die erzähle ich dir ein andermal. Beim ersten Mal in Graz schlief ich dann am Schloßberg oben, weil ich mir kein Hotel leisten konnte. Jetzt schreibe ich dir aus der Steirerstubn, am Lendplatz. Ich habe Lust auf Beef Tartar und möchte mit dem Lift rauf auf den Berg fahren. Das Gehen kann einen schlauchen wegen dem ganzen Rauchen. Außerdem ist es rutschig, regnerisch und eisig fast. Frühling in Graz, ich freu mich auf dich. Aber jetzt ist es kalt und nass.*

*Nino*

# Vulkanland

Sommerhitze vor dem Gewitter
der Wind weht noch lang vom Ozean
die Wüste brennt, der Sand fliegt in Splittern
ins einzige Blut, das uns noch bleibt

Wir zählen die ständigen Schritte
in die Angst hinein
dort unten wartet deine Geliebte
und zeigt sich nur als Geist

Aber alles nichts gegen den Vulkan allein
schau in das Feuer und schrei

Die Stunden an der Grenze
zwischen Weinberg und Weinberg
die Wüste wäre das Ende
aber die Hoffnung, die bleibt

So fallen unsere eigenen Blicke
meist in den Himmel rauf
wir beten für ein gutes Ende der Geschichte

Aber alles nichts gegen den Vulkan allein
schau in das Feuer und schrei

So schnell ist der Sommer vergangen
und alle Gedanken sind im Öl
das Gegenteil von zusammen
ist Gewalt aaah aaaah

Der Jahrgang ist wie eine Waffe
die mit einem Schluck dich kriegt
es ist sicher nichts für die Masse
aber wird geliebt

Aber alles nichts gegen den Vulkan allein
schau in das Feuer und schrei

*Bad Radkersburg, 22.2.2016*

*Liebe N.,*

*ich habe erfahren, dass die Gegend hier das Vulkanland genannt wird. Das steirische Vulkanland. Ich glaube, ich muss darüber ein Lied schreiben.*

*PS: Vulkan, halt mich fest*
*ich spring rein, weil du bist nicht echt*
*sondern nur eine Bezeichnung für eine Gegend*
*die harmlos wirkt und nicht so schlimm*
*kein Feuer, nur Sterne am Himmel*
*und die Hitze verteilt sich in den Maisfeldern recht gut.*

*Nino*

# Auf nach Graz!

Heit ziag ma uns schee an
und foan uns auffe in die Stodt
gehen ins feine Restaurant
und leben richtig auf

Heit is des Wetter guad
a bissl raus aus da Natur
in feinen Staub der Stadt
in Graz is niemois fad

Wenn du mich noch liebst
so wie früher, dann fahr mit mir
in die Stadt
i hob do so a Gfüh

Wenn du mich noch liebst
so wie früher, dann fahr mit mir
rauf nach Graz
und bleim bis morgen früh

Es gibt nix Schöneres
ois mit dir Graz zu sehn
es gibt nix Schöneres
ois mit dir in Graz bummeln gehen

Heit foa ma in die Stodt
und ziagn uns a wos scheenes an
gehen ins feine Restaurant
und essn Beef Tartar

Wenn du mich noch liebst
so wie früher dann sag es mir
ich sags dir, sobald
wir obm am Schloßberg stehn

*Graz, 2.1.2016*

*Lieber N.,*

*unten beim Schloßberg oder unten im Bauch, die Käsespätzle liegen an der gleichen Stelle, einen Schritt weiter oder zehn in die nächste Gasse, nein warte, noch hier, das große Tor und die höchsten Räume, höher als im Hotel Stephanie in Opatija, höher als in der niedrigsten Wohnung der Menschen, die hohe Räume mit Zwischendecken abschwächen. Jeder verirrt sich manchmal durch dieses Tor, schließlich sind Tore so anziehend, und sobald eines offen steht, laufen alle, so gut wie alle Menschen hinein. Um zu schauen. Zuerst schauen sie auf die Holzfliesen, Holzpflöcke im Boden als Fliesen hergerichtet. Es gab einmal dieses Haus, das alle Hereinkommenden an die Decke saugte und einfach behielt. Aus allen Besuchern wurde Stuck. Oder aus ihren Gedanken, jegliche ihrer Gedanken wurden in Stuck verwandelt, deshalb sind so unterschiedliche, völlig asymmetrisch angeordnete Figuren in allen Zimmern an der Decke. Aus den Gedanken der Menschen kann man leicht etwas zusammenbauen und sich schmücken, dachte das Haus. Wunderschöne Disteln, die erste Besucherin dachte an eine Distelsuppe. Jegliche Gedanken, jeglicher Besucher in Stuck gegossen. Ein Hausherr erweiterte das Palais um zahlreiche Kachelöfen. Das Haus selbst schaute nur noch zu.*

*Natalie*

# Der Bürgermeister

Hast schon ghört, was war
am ersten Tag im neuen Jahr
die Polizei hat drei Stunden gschaut
und blieb vier Tage da

Irgendwo ist das Kernöl
manche glauben unterm See
tief unter der Erde
irgendwann kannst dus sehn

Sieben Kürbiskerne, eine Prise Salz
drei Deka Topfen, eine Schüssel Schmalz
hundert Käferbohnen, drei Kilo Sterz
vier Liter Milch und ein Hühnerherz

Jeder fragt sich und dich
wo der Schatz war
und was übrig ist
er ist nicht mehr da

Der Bürgermeister weiß es nicht
die Polizei weiß es nicht
der Kernölbauer weiß es nicht
wer bringt die Lösung ans Licht

Ich hab das Kernöl nicht genommen
ich nahm nur den ganzen Schmuck
ich bin den ganzen Weg dafür gefahren
hin und her und zurück

Wo ist das Kernöl
wo ist der Schatz der ganzen Stadt
nur der Bürgermeister weiß es
wir ham so viel Kernöl ghabt

Sieben Kürbiskerne, eine Prise Salz
drei Deka Topfen, eine Schüssel Schmalz
hundert Käferbohnen, drei Kilo Sterz
vier Liter Milch und ein Hühnerherz

Jeder fragt sich und mich
wo der Schatz war
und was übrig ist
ich such seit 100 Jahren

Der Bürgermeister weiß es nicht
der Kernölbauer weiß es nicht
der Winzer Franz weiß es nicht
wer bringt die Lösung ans Licht

In der Straßn hams ihn gsucht
in der Gassn hams ihn verflucht
in der Stubn hams drüber gredt
kurz vurm Schlofn hams überlegt

*Gamlitz, 30.4.2016*

*Lieber N.,*

*Rebenland in schöner Gestalt*
*liegst du an den Wegen entlang*
*steil hinauf und steil hinab*
*das Klappern der Klapotetz klappt*

*Die Schneebälle, wer trifft zuerst*
*wir halten die Hände wie einen Wert*
*rauf oder runter, stell dich unter*
*nein, auf den Turm*
*zur Aussicht und Absicht*
*gegen das Taglicht*

*PS: Ich glaube, ich habe das Kernöl gefunden.*

*Natalie*

*Moor, 23.2.2016*

*Lieber N.,*

*erinnerst du dich an das Moor?*

*Welschkätzchen*
*Südenschätzchen*
*Brettljausn*
*schon nach Hause*

*Hinter den Bäumen*
*im Moor*
*nach ihren Träumen*
*und davor*

*Natalie*

# Grenzmoor

Wisst ihr nicht, was da ist
da gibts a ganz a arge Gschicht
was du siehst, gibts so nicht
du bist nur ganz verirrt im Licht vom Moor

Die Bäume schaun und locken dich
hinein hinein, komm fürcht dich nicht
wo du bist, gibts dich nicht
du bist nur ganz verliebt ins Licht vom Moor

Die Geister, die schon lange Zeit
in Bäumen auf dich warten
sie schneidern dir ein schönes Kleid
aus ihrem großen Garten

Sie wachen über deinen Schlaf
und schicken dir die Träume nach
und wenn du nichts mehr weißt
weißt du, dass du bleibst

Weißt du noch, wo du bist
komm bleib stehen, versteck dich nicht
sag nichts mehr, sonst hörst du nichts
du bist nur ganz verwirrt im Licht vom Moor

Geh nicht weiter, liebes Kind
was du hörst, ist nicht der Wind
komm zu mir, komm ganz geschwind
ich zeige dir das hellste Licht im Moor

Die Bäume stehen in einem Kreis
und sind von Moos bewachsen
sie laden dich so herzlich ein
es ihnen nachzumachen

Sie halten deine Hände fest
und widmen dir ein großes Fest
damit du auch den letzten Rest
aus deiner Welt vergisst
und immer nur, für alle Zeit
ein Moorbewohner bist (und bleibst)

Und jetzt geht es immer weiter
du bleibst hier, drehst dich im Kreise
schaukelst weiter in den Bäumen
und erscheinst in ihren Träumen

Und dein Herz hörst du jetzt schlagen
und es gibt nun keine Fragen
du verbleibst in meinem Schlaf
und ich höre, was du sagst

*Meer, 23.2.2016*

*Liebe N.,*

*erinnerst du dich an das Meer?*

*Wenn die Hügel wie Wellen sind spring ich mit*
*hinter den tausend Hügeln ist das Meer*
*aber die Hügel schlafen in Ruh*
*denn die Hügel sind wie Wellen*
*aber nicht unter Wasser*
*sondern unter Sonne*

*Nino*

# Wüst wos

Wüst an Bissn oder wüst a Mischung
oder wüst a bissal bei mir sitzen
Wüst a Stückal oder wüst a Krügerl
oder wüst a neiches Gschichtl hörn

Wüst a Eckal oder wüst a Bretterl
oder wüst a Zeiterl umadum schaun
Weißburgunder oder nur Holunder
Wüst a bissal wos zum Drüberstrahn

Wüst wos, dann sogs ma, i bin jo bei dir
Wüst wos, dann sogs nur, i suag scho dafia

Wüst an Bissn oder wüst wos wissen
oder wüst, dass i afoch nur stü bin
Wüst a Kreitl, sog wos woits ihr beidn
wieso sitzt ihr hiaz schon wieder do

Wüst a Haxerl oder wüst a Schmatzerl
oda wüst a Schnapserl oder zwa
Wüst a Rüscherl oder bist schon müde
Wüst a Schnitzerl oder wüst a Pizza

Wüst wos, dann sogs ma, i bin jo bei dir
Wüst wos, dann sogs nur, i suag scho dafia
Wüst wos, dann sogs ma, i hob di jo gern
Wüst wos, dann kriegst as,
waunst wüst sogoa die Stern

*Arnfels, 26.2.2016*

*Liebe N.,*

*das Essen? Das Trinken? Genussregion Südsteiermark. Es geht viel um Regionalität, und dort scheint man gesegnet. Vom Apfel zur Traube und zurück zur Wurst, zum Käse. Zurück zur Jause. Es wirkt gesund, weil einem aus allem die Sonne entgegenzulächeln scheint. Wenn ich die Blunzn seh, fühle ich mich umschmeichelt von einem lieblichen Blinzeln. Wenn ich den Wein auch nur rieche, rieche ich Blumen. Süße, verliebte Bienen. Der Käse duftet nach Kräutern und liegt so entspannt neben seinen regionalen Freunden. Und im Apfel sehe ich mein Gesicht, wie es aussehen würde, wenn ich gesünder leben würde. Ich bin halt doch nur ein jugendlich grau melierter Vorstadt-Musikant.*

*Nino*

*Leibnitz, 28.2.2016*

*Lieber N.,*

*Die Zunge eingetunkt in den Marmeladekern*
*die staubigen Zuckerwangen kleben am Schaufenster*
*in dem die Torten liegen und die Osterpinzen*
*versinken schon in den träumenden Mägen der Spazierenden*

*Das Fett in Form deines Namens*
*in die Wurst hineingeschrieben*
*bei jedem Bissen wirst du, du selbst*
*Marmelade im Kipferl und Schinken und Käse*
*und Topfen und Hopfen auf den Wegen*

*Das sind Käferbohnen, wie bei der Mama*
*im Garten, die schönsten Farben*
*warme Erdäpfel, Vogerlsalat, Speck*
*Kürbiskernöl schwämmt die Sorgen weg*

*Ein Kuss mit dem Knödel oder der Semmel*
*mit Schnitzel und Bärenbraten ein kleines Geplänkel*
*die Erinnerungen, wohin man schaut*
*die Steirersemmel in den Kakao*

*PS: Ich habe gerade einen Krapfen gegessen.*

*Natalie*

# A schena Tog

Des kuntat a schena Tog wern
wann i aufn Gipfl geh
und wann i dann in Himmel seh
vergiss i des Problem

Des kuntat a schena Tog wern
a schena Tog für mi
und meine Freind und deine Leit
für olle irgendwie

Des kuntat a schena Tog wern
des Land in meinem Blick
versteckt si unterm Wolkendach
ich zähl die Wolken mit

Des kuntat a schena Tog wern
wo ollas aufgehn wird
wos i ma denk, wos i ma wünsch
wos di scho lang verwirrt

Des kuntat a schena Tog wern
bis jetzt is jedenfois
ois, wos i erleb, und ois, wos i seh
a Traum, der mir guad gfoid

Des kuntat a schena Tog wern
so schee, dass i kurz vagiss
wie bes die Leit beim Wirtn redn
wie deppat am Stammtisch

Des kuntat a schena Tog wern
die Hoffnung bleibt in mir
dass olle Leit a bissl Zeit
ins Denken investieren

Des kuntat a schena Tog wern
wann i hamkumm bin i miad
und waß, i waß es besser ois vorgestern
und hoff, dass die Zukunft wos wird

Des kuntat a schena Tog wern
und a bessere Wöd irgendwann
wann kana mehr im Dorf
über die Ausländer schimpft
obwohls as ned kennan
obwohls goa nix wissen
obwohls mit eana nix zum tun hobn

*Wien, 3.4.2016*

*Liebe N.,*

*ein Wort an das Land:*
*grün grün grün, du schwarzes Land*
*blau blau blau, du Berggewand*
*schwarz schwarz grün und blau dein Dank*

*An alle, die du kommen lässt*
*an alle die, die wandern*
*an jeden, der sich blicken lässt*
*und auch an all die andern*

*grün grün grün, dein runder Bauch*
*ist fett vom Leben, dick vom Brauch*
*die Tradition ist Farbe bunt und dunkel auch*

*Für alles, was du anstellen lässt*
*für alles kannst du nichts dafür*
*zu allem sagst du jetzt is gnua*
*erwartest deinen Sturz*

*Bleib ruhig, bleib ruhig, du dichtes Land*
*dein Grün steht für die Blume*
*dein Blau ist Wasser aus dem Bach*
*dein Schwarz zeichnet sich weiße Grenzen*
*durch den Wald, bleib kalt, bleib alt*
*aber denk manchmal jung*

*Nino*

*Spielfeld, 27.1.2016*

*Lieber N.,*

*die Tür zur Gastronomie in alarmbedingten Tönen und hier gedanklich eine ganze Landschaft aus Kühltruhen, hinein lockend, die gelbe Schrift leuchtet wie eine Sonne über Salami und Schweinehälften, und die Nase die Borsten noch dran, und die Schuhe verschwimmen mit dem grauen Boden, und die Röstzwiebel zehn Kilo, so weich wie ein Federbett, verlockend, vorbei und wieder zurück in jede Ecke lugend, greifend, umdrehend jedes Stück, jeden Meter Küchenrolle faltet sie, behutsam die Wurstscheiben, Käsesemmel und Eis, einwickelnd, auswickelnd, ich will ein Spielzeug, wenn doch jemand sprechen würde, lauter, aber das Umkreisen der Bar ist heute sinnlos, weil keiner spricht, Sonntag ist, und die Geschichten sind aus, die Woche beginnt erst, alles beginnt erst, ich kann mich nicht satt sehen an Grau und Gelb und Rosa und Silber und Leere und bunt und Fülle und warte auf Worte und Gesichter an der Kassa und blicke ins Sackerl. Wenn wir uns nur nicht so wohl fühlen würden, stimmts, so unglaublich wohl aus Verdutzung nach und vor dem Faschingsgschnas, danach und davor, den Umzug verpasst, aber davor noch hier.*

*Natalie*

*Gamlitz, 30.1.2016*

*Liebe N.,*

*die Äpfel sind rund und grün. Wie die Sonne im Juni, wenn sie sich spielt mit den Blättern der Bäume. Die Erde geht ins Rötliche. Wir sind im Süden der Berge, und du spürst es, du riechst es. Bestimmt würden wir auch überleben, bloß von Trauben und Äpfeln, bloß von der Erde und dem Schlaf in der Sonne. Im Winter verkleiden wir uns mit Schnee und schlafen unseren Rausch aus. Den Rausch der Eisnacht. Aber keine Angst, der Frühling wird zwitschern, ich weiß, er wirds! Und dann fangen die Blüten zu blühen an und die Bienen zu fliegen. Im Sommer sind wir hellblau überm Kopf, und die Haare färben sich heiß. Wir bleiben lange draußen, so lange, bis das Gewitter kommt. Dann gehen wir zurück ins Zelt, zurück ins Herz. Bis zum Herbst. Ernten wir, was wir finden, und sammeln wir, was wir kriegen. Erinnerungen und Vorräte, Träume und Realitäten. Zwischendurch könnten wir beten. Oder das Fenster bemalen, mit Regen.*

*Nino*

1 **Harmonika Rap**
*Text: Natalie Ofenböck*
*Musik: Nino Mandl+Natalie Ofenböck*

Johannes Kölbl: Steirische Harmonika
Tobias Weiß: Tuba
pauT: Klarinette, E-Gitarre
Nino Mandl: Gesang, Gitarre
Natalie Ofenböck: Gesang
David Wukitsevits: Schlagzeug

2 **Klapotetz**
*Text: Natalie Ofenböck+Nino Mandl*
*Musik: Nino Mandl+Natalie Ofenböck*

pauT: Bass, Orgel
Nino Mandl: Gesang, Gitarre
David Wukitsevits: Schlagzeug, Percussion
Raphael Sas: E-Gitarre
Natalie Ofenböck: Gesang

3 **A oage Gschicht**
*Text: Nino Mandl*
*Musik: Hahnpfalzwalzer**

Johannes Kölbl: Steirische Harmonika
Tobias Weiß: Tuba
pauT: E-Gitarre
Nino Mandl: Gesang, Gitarre

4 **Aufwachlied**
*Text: Nino Mandl*
*Musik: Marburger Polka**

Nino Mandl: Gesang, Gitarre
Natalie Ofenböck: Gesang
David Wukitsevits: Schlagzeug
pauT: E-Gitarre
Johannes Kölbl: Steirische Harmonika
Tobias Weiß: Tuba
Lukas Lauermann: Cello

5 **Konditorei**
*Text: Natalie Ofenböck*
*Musik: Nino Mandl+Natalie Ofenböck*

pauT: Bass
Nino Mandl: Gesang, Gitarre
David Wukitsevits: Schlagzeug
Raphael Sas: E-Gitarre
Natalie Ofenböck: Gesang

6 **Mischung**
*Text: Nino Mandl*
*Musik: Nino Mandl*

Nino Mandl: Gesang, Gitarre
Natalie Ofenböck: Gesang
David Wukitsevits: Schlagzeug, Gesang
pauT: E-Gitarre, Gesang
Johannes Kölbl: Steirische Harmonika
Tobias Weiß: Tuba
Raphael Sas: Gesang

7 **Sekunden**
*Text: Natalie Ofenböck*
*Musik: Natalie Ofenböck+Nino Mandl*

pauT: Bass
Nino Mandl: Gesang, Gitarre
David Wukitsevits: Schlagzeug
Raphael Sas: E-Gitarre
Natalie Ofenböck: Gesang

8 **Das Hotel über der Taverne**
*Text: Natalie Ofenböck*
*Musik: Natalie Ofenböck+Nino Mandl*

Nino Mandl: Gesang, Gitarre
Natalie Ofenböck: Gesang
pauT: E-Gitarre
Johannes Kölbl: Steirische Harmonika
Tobias Weiß: Tuba
Lukas Lauermann: Cello

**9 Bad Radkersburg**
*Text: Nino Mandl*
*Musik: Nino Mandl*

Nino Mandl: Gesang, E-Gitarre
Natalie Ofenböck: Gesang
David Wukitsevits: Percussion
Wolfgang Möstl: E-Geräusche
pauT: Klarinette
Raphael Sas: E-Gitarre

**10 Vulkanlied**
*Text: Nino Mandl*
*Musik: Nino Mandl*

Nino Mandl: Gesang, E-Gitarre
pauT: Bass, E-Gitarre, Orgel
Wolfgang Möstl: E-Geräusche
David Wukitsevits: Schlagzeug
Raphael Sas: E-Gitarre

**11 Auf nach Graz!**
*Text: Nino Mandl*
*Musik: Altgrazer Kontratanz**

Nino Mandl: Gesang
Natalie Ofenböck: Gesang
pauT: Klarinette
Johannes Kölbl: Steirische Harmonika
Tobias Weiß: Tuba

**12 Der Bürgermeister**
*Text: Natalie Ofenböck*
*Musik: Natalie Ofenböck+pauT*

Natalie Ofenböck: Gesang
pauT: Bass, Klavier
Raphael Sas: E-Gitarre
David Wukitsevits: Schlagzeug
Nino Mandl: Gesang

**13 Grenzmoor**
*Text: Natalie Ofenböck+Nino Mandl*
*Musik: Nino Mandl+Natalie Ofenböck*

pauT: Bass, E-Gitarre, Orgel
Nino Mandl: Gesang
Natalie Ofenböck: Gesang
David Wukitsevits: Schlagzeug, Klavier
Lukas Lauermann: Cello

**14 Wüst wos**
*Text: Natalie Ofenböck+Nino Mandl*
*Musik: Obersteirischer Tanz**

Nino Mandl: Gesang
Natalie Ofenböck: Gesang
Raphael Sas: Gesang, Gitarre
pauT: E-Gitarre
Johannes Kölbl: Hackbrett
Tobias Weiß: Tuba

**15 A schena Tog**
*Text: Natalie Ofenböck+Nino Mandl*
*Musik: Natalie Ofenböck+pauT*

Nino Mandl: Gesang, Gitarre
Natalie Ofenböck: Gesang
Lukas Lauermann: Cello
Raphael Sas: E-Gitarre
pauT: Bass

* bearbeitet von Nino Mandl

Alle Lieder wurden in Graz aufgenommen.

Natalie Ofenböck & Der Nino aus Wien
Das grüne Album
Wiener Reise durch die Steiermark

Herausgeber steirischer herbst

Text: Natalie Ofenböck & Nino Mandl
Grafik, Satz & Illustration: Natalie Ofenböck
Produzent: Wolfgang Möstl
Mastering: Florian Richling
Lektorat: Eva-Maria Munduch-Bader,
Charlie Bader & Stefan Schwar
Foto: Thomas Mayerhofer
Druck: Druckerei Bachernegg

ISBN 978-3-200-04648-1


Charlie Bader
c/o Karl Bader
Favoritenstr. 133/8
1100 Wien

steirischer HERBST
www.steirischerherbst.at

steirischer herbst festival gmbh
Sackstraße 17
8010 Graz
Austria

Eigentümer steirischer herbst festival gmbh

Das Land Steiermark
→ Kultur, Europa, Außenbeziehungen

STADT GRAZ

# Dank an

Thomas Mayerhofer für das Fahren und Beschützen auf unseren Reisen und die beste Unterhaltung • Charlie Bader für die Begleitung und das Vertrauen während dieser Arbeit • Veronica Kaup-Hasler für den Glauben an unsere Idee und die Möglichkeit dieses Projekt zu verwirklichen • Petra Suzie Poelzl für die neue Freundschaft, schöne Autofahrten und die Unterstützung bei unseren Recherchen • David Reumüller für die neue Freundschaft und Spaß mit Teufelsgeigen • Wolfgang Möstl für die Ruhe und Gelassenheit während der Aufnahmen • Andreas R. Peternell für die Begleitung des Druckwerks • Manfred Perl für die Besichtigung der Kuckucksuhren und der größten Klapotetz der Welt • Winzer Franz und die Neujahrsgeiger für Spaß am Wegesrand im Grenzland • Katze Knödi, weil sie die schönste und liebe Katze ist • alle Katzen, die wir trafen, besonders Katze Frankie, Katze Prüfus und Katze Crozenus • Katze Susi, weil sie die süße und kleinste Katze ist • Rudi und Maria Riegelnegg für wunderbare Weine samt Beratung • Heurigenschank Fedl für das herzliche Willkommenheißen und die Offenheit • Veronika und Hansjörg (Duo Weiss-Grün) für die schönen Musikantenstammtische • Weinidylle Dreisiebner für wunderbare Marmeladen zum Frühstück und den Ausblick • Harmonikahansl für die Unterkunft trotz Urlaub • Gasthaus Repolusk für die slowenische Gastfreundschaft • Andrea Neuwirth und Gabriel Fischer für die Unterstützung bei der Gestaltung des Layouts • Jonny und Tobias für die neue Freude an der Volksmusik und ihren Einfluss und Einsatz • die Nino aus Wien-Band für ihre Treue, ihre Ideen und Schokolade • Lukas Lauermann für das schöne Cello aus Wien Margareten • Doris+Hans-Peter Ofenböck und Uschi+Günther Mandl für ihre Geduld und Zuversicht • die Landschaften und alle Menschen, die wir auf unseren Reisen trafen und danke für alle Brettljausen.

Auf Wiedersehen.

Natalie Ofenböck, geboren 1987 in Wien
Nino Mandl, geboren 1987 in Wien